POSITIONS

DE

DROIT FRANÇOIS,

SUR LA MATIERE DES TESTAMENS.

A ORLEANS,

Chez L. F. COURET DE VILLENEUVE, Imprimeur du Roy;
de Monseigneur l'Evêque, & de l'Université, 1746.

POSITIONS
DE DROIT FRANÇOIS.
Sur la matiére des Testamens.

1°. **C**'EST à la Loi civile plûtôt qu'à la Loi naturelle, que les Testamens doivent leur origine.

2°. Le Testament est un écrit revêtu de certaines formalités, par lequel un citoyen sain d'entendement, & ayant l'âge compétant, dispose de ses biens en faveur de personnes capables, afin que cette disposition ait lieu après sa mort, s'il ne change point de volonté.

3°. On voit par cette définition que toute la matiére des Testamens se reduit a examiner, 1°. quelles en sont les formalités ; 2°. Quelle doit être la capacité du Testateur ; 3°. Celle des personnes qui profitent de ses dispositions ; 4°. De quels biens on peut disposer par Testament ; 5°. Comment on doit en interpréter les dispositions ; 6°. Comment on peut le revoquer ; 7°. Enfin comment il s'exécute lorsqu'il n'a point été revoqué. On se renferme ici dans les quatre premiéres parties.

4°. Pour les formalités il faut suivre la Coûtume du lieu où le Testament est passé. Pour la capacité personnelle du Testateur, & pour la faculté de disposer de ses meubles, droits, actions, rentes constituées, la Coûtume de son domicile ; & pour la disposition de ses immeubles réels, la Coûtume de leur situation.

5°. Ainsi lorsqu'un particulier domicilié à Lyon, où une partie de ses biens sont situés, fait son Testament à Orleans, suivant les formalités prescrites par la Coûtume de cette derniére Ville, il a son effet, non-seulement pour les biens situés à Orleans, mais encore pour ceux situés à Lyon, & dans quelqu'autre pays que ce soit de Droit écrit ou coûtumier; quoique les Coûtumes de ces lieux demandent d'autres formalités que celles qui ont été suivies.

6°. Par la même raison, un Testament passé en pays étranger, suivant les formalités qui y sont observées, doit être exécuté en France à l'égard des biens qui y sont situés.

CHAPITRE PREMIER.

Des Formalités.

1. DEpuis l'Ordonnance du mois d'Août 1735, on ne connoît plus en Pays coûtumier que deux formes qui puissent avoir lieu pour les dispositions de dernière volonté; celle des Testamens reçus par personnes publiques, & celle des Testamens olographes. *Ord. art.* 22.

2. Ainsi les dispositions testamentaires qui ne sont faites que verbalement, ou par lettres missives, ou redigées par écrit, après avoir été déclarées par signes aux Notaires, sont nulles. *Ordonn. art.* 1, 2 & 3.

SECTION PREMIERE.

Des Testamens reçûs par personnes publiques.

3. LEs Testamens reçûs par personnes publiques sont, ou suivant le droit commun, ou militaires, ou faits en tems de peste.

§ PREMIER.

Du Testament suivant le droit commun.

4. LEs formalités du Testament fait suivant le droit commun, se raportent aux personnes publiques qui le reçoivent, aux témoins qui font foi de ses dispositions, au corps de l'acte qui les renferme.

5. Il peut être reçû par deux Notaires, ou un Notaire & deux témoins ; par les Curés séculiers ou réguliers dans l'étendue de leur Paroisse, ou par autres Prêtres séculiers préposés par l'Evêque à la desserte des Cures pendant qu'ils les desserviront, en y apellant avec eux deux témoins ; & cela seulement dans les lieux où les Coûtumes & Statuts les y autorisent expressément Il en est de même des Chapelains des Hôpitaux, à l'égard des Testamens de ceux qui s'y trouvent. *Ord. art.* 23 *&* 25.

6. De-là il suit que les Sécrétaires du Roy & les Notaires Apostoliques ne peuvent recevoir un Testament ; qu'un Curé ne peut le recevoir hors de sa Paroisse, quand même le Curé de la Paroisse où il le recevroit, seroit absent ; qu'il ne peut pas aussi recevoir le Testament d'un autre Curé voisin.

7. La fonction des Notaires & Curés ne se borne point à recevoir le Testament, ils portent encore un témoignage de la vérité de ses dispositions, & comme ce témoignage devient suspect, lorsqu'il se trouve joint à leur intérêt, on en tire cette conséquence, qu'ils ne peuvent recevoir un Testament qui contient des dispositions en leur faveur, ou en celles de leurs proches parens. Un Curé cependant peut recevoir celui dont les dispositions sont faites en faveur de son Eglise, quoiqu'il doive profiter des fruits du legs en sa qualité de Curé. *Ord. d'Orleans art.* 27. *Ord. de Blois art.* 63.

8. Les témoins doivent être *idoines, suffisans, mâles, âgés de vingt ans accomplis, & non Légataires. Coût. de Paris, art.* 289. *Coût. d'Orleans, art.* 289.

9. Ils doivent être *idoines*, c'est-à-dire, qu'il faut qu'ils ne soient ni clercs, ni serviteurs ou domestiques du Notaire, ou autre personne publique qui reçoit le Testament. Ils doivent être *suffisans*, c'est-à-dire, regnicoles, capables des effets civils non réguliers, Novices ou Profés de quelque ordre que ce soit. *Ord. art.* 40, 41 *&* 42.

10. Le corps de l'acte qui contient le Testament, doit être dicté par le Testateur, en présence des témoins au Notaire ou Curé ; & ceux-cy doivent écrire les volontés du Testateur telles qu'il les dicte, lui en faire la lecture, faire mention que cette lecture a été faite, & signer ensuite avec les témoins & le Testateur, s'il sçait ou peut signer, & en cas qu'il ne sçache ou ne puisse signer, en faire men-

tion; & enfin dater l'acte des jour, mois & an aufquels il a été paffé. *Ordon. art. 23, 38, 44 & 47.*

11. Ainfi les Notaires ou autres perfonnes publiques & les témoins qui fignent au Teftament, fans avoir vû le Teftateur, & fans l'avoir entendu prononcer fes difpofitions, font coupables d'un faux qualifié, & méritent toute la rigueur des peines aufquelles l'Ordonn. art. 48. a voulu les affujettir.

12. Lorfque les Curés ou Defservans ont reçû un Teftament, ils font tenus incontinent après la mort du Teftateur de dépofer l'Acte chez le Notaire ou Tabellion du lieu, & à leur défaut chez le plus prochain Notaire Royal dans l'étendue du Bailliage & Sénéchauffée dans laquelle la Paroiffe eft fituée, fans qu'ils en puiffent délivrer des expéditions, à peine de nullité, & des dommages & intérêts des Notaires, & des Parties. *Ord. art. 26.*

§ Second.

Du Teftament Militaire.

13. LEs circonftances de la guerre préfente rendent le détail des formalités du Teftament militaire plus intéreffant. Elles fe raportent auffi aux perfonnes publiques qui le reçoivent, aux témoins & au corps de l'acte.

14. Le Teftament militaire peut être fait en préfence de deux Notaires, ou d'un Notaire & de deux témoins : les Officiers, tels que les Majors & autres d'un rang fupérieur, les Prévôts des Armées, leurs Lieutenans ou Greffiers, les Commiffaires des guerres peuvent y tenir lieu de Notaires ; & lorfque le Teftateur eft malade ou bleffé, il peut tefter en préfence d'un des Aumôniers des Troupes ou des Hôpitaux, féculiers ou réguliers, & de deux témoins. *Ord. art. 27.*

15. Les formalités qui concernent les témoins & les corps de l'acte, font les mêmes que celles du Teftament fait fuivant le droit commun ; fi ce n'eft que les étrangers qui ne font pas notés d'infamie, peuvent être témoins, & qu'il n'eft pas abfolument néceffaire d'admettre des témoins qui puiffent figner, lorfque le Teftateur le peut faire ; mais dans le cas où il déclare ne fçavoir, ou ne pouvoir figner, il faut en faire mention. *Ord. art. 28. & 40.*

16. Le privilége qui consiste à faire un Testament dans cette forme, est accordé à ceux qui servent dans les Armées, en quelque pays que ce soit, lorsqu'ils sont en expédition, ou en Quartier, ou en Garnison hors du Royaume; & même lorsqu'ils sont en Quartier ou en Garnison dans le Royaume, s'ils se trouvent dans une Place assiégée, ou autre lieu dont les portes sont fermées, ou la communication interrompue à cause de la guerre. On l'a aussi étendu aux Prisonniers de guerre chez les ennemis, à ceux qui sont à la suite des Armées, ou chez les ennemis, soit à cause de leurs emplois ou fonctions, soit pour le service qu'ils rendent aux Officiers, soit à l'occasion des vivres & munitions. *Ord. art.* 27, 30 *&* 31.

17. Le Testament militaire devient nul six mois après que le Testateur est revenu dans un lieu où il peut tester en la forme ordinaire, à moins que celle qu'il a suivie ne soit autorisée par le droit commun, dans le lieu où il a testé. *Ord. art.* 32.

§. TROISIEME.

Du Testament fait en tems de Peste.

18. POur faire ce Testament, il n'est pas nécessaire que le Testateur soit attaqué de la peste, il suffit qu'il se trouve dans un lieu qui en est infecté. *Ord. art.* 36.

19. Il peut être reçu par deux Notaires, ou deux des Officiers de Justice Royale, Seigneuriale, ou Municipale, jusqu'aux Greffiers inclusivement, ou par l'un d'eux avec deux témoins, ou par le Curé, Desservant, Vicaire, ou autre Prêtre séculier ou régulier, chargé d'administrer les Sacremens aux malades avec deux témoins. *Ord. art.* 33.

20. En ce qui concerne la signature du Testateur, de celui ou de ceux qui reçoivent l'acte, & des témoins; le Testament fait en tems de peste, est assujetti aux mêmes formalités que le Testament militaire, & il demeure pareillement nul six mois après que le commerce a été rétabli dans le lieu, ou que le Testateur a passé dans un lieu libre; à moins que sa forme ne soit autorisée de droit commun dans celui où il a été fait. *Ord. art.* 34 *&* 37.

SECTION SECONDE,

Du Teſtament Olographe.

21. CEux qui peuvent teſter ſuivant la forme commune, & ſuivant celle du Teſtament militaire, ou fait en tems de peſte, peuvent auſſi faire un Teſtament Olographe ; avec cette différence, qu'à l'égard des premiers, il ne pourra valoir que dans les Pays, & dans les cas où il a été admis; & qu'à l'égard des autres, il vaudra indiſtinctement dans quelque pays que ce ſoit. *Ordonn. art.* 19, 29 *&* 35.

22. Le Teſtament Olographe ne demande point d'autres formalités, que celle d'être entiérement écrit, & ſigné de la main du Teſtateur, & de contenir la date des mois, jour & année où il a été fait. *Ord. art.* 20 *&* 38.

23. Ainſi on voit qu'il n'a point de date certaine tant que le Teſtateur eſt vivant, & que l'acte n'a point été reconnu devant Notaire ; & de-là vient que ceux qui veulent faire des vœux ſolemnels de religion, ſont tenus avant de les faire, de reconnoître par-devant Notaires leur Teſtament Olographe, autrement il demeure nul. *Ord. art.* 21.

SECTION TROISIEME.

Commune aux Teſtamens reçus par perſonnes publiques & Olographes.

24. L'Ordonnance ne parle point de la date du lieu, mais comme dans les articles 32 & 37. elle fait dépendre la validité du Teſtament en ſa forme de la Loi du lieu où il a été fait, & qu'on ne peut prouver qu'elle eſt cette Loi, autrement que par le Teſtament; on en pourroit conclure que la date du lieu eſt néceſſaire, même pour le Teſtament Olographe, ce qui ſouffre néanmoins beaucoup de difficulté.

25. Toutes les formalités dont nous avons parlé juſqu'ici, ſont de rigueur; puiſque l'Ordonnance art. 47, prononce la peine de nullité contre les Teſtamens, où elles n'auront point été obſervées.

26. De-là il reſulte qu'elles ne peuvent être ſupplées par d'autres équivalentes, & qu'on ne peut prouver par témoins qu'elles ont été

observées, lorsque les Notaires ont omis d'en faire mention; qu'un Testament pour causes pieuses n'en peut être dispensé. *Ord. art. 78*; qu'un Testament commencé en une forme, ne peut valoir en une autre forme; qu'un Testament imparfait ne peut être confirmé par un Codicile parfait, mais que les dispositions particuliéres de ce Codicile peuvent subsister, quoique le Testament soit nul.

QUESTIONS SUR LES FORMALITÉS.

I.

SI un Notaire mineur pourvû de son Office, sur un faux extrait de Baptème, peut recevoir un Testament.

II.

SI les Notaires des Seigneurs peuvent recevoir dans leur ressort le Testament des personnes qui n'y sont pas domiciliées.

III.

SI le legs fait à un Curé ou Notaire, qui a reçu le Testament, ou à un témoin, est seulement caduc, ou s'il rend le Testament nul pour tout ce qu'il renferme.

IV.

SI un Testament écrit de la main du Clerc du Notaire à part, & hors la présence des témoins, mais depuis apostillé de la main du Testateur, & reconnu pardevant le Notaire, & ceux qui doivent y être présens, avec les autres formalités de l'Ordonnance, est valable.

V.

SI le Testament Olographe est reçu en pays de droit écrit.

CHAPITRE SECOND.

De la capacité personnelle du Testateur.

1. POur tester valablement, il faut avoir l'âge compétant, être sain d'entendement, & n'avoir aucune incapacité de Droit.

SECTION PREMIERE.

De l'âge compétant pour tester.

2. SUivant la Coûtume d'Orleans, & celle de Paris, il faut avoir vingt ans accomplis pour tester de ses meubles, acquêts, & conquets immeubles, & vingt-cinq ans pour tester du quint de ses propres; & lorsque le Testateur n'a que des propres, il peut disposer du quint après vingt ans accomplis. *Coût. de Paris & d'Orleans, art. 293 & 294.*

3. Comme il paroit que la Loi par cette derniére disposition, a voulu donner à ceux qui sont âgés de vingt ans, la liberté de tester d'une maniére conforme à leur état, & proportionnée à leurs biens; elle ne doit pas être entendue du cas chimérique, où le Testateur n'auroit absolument aucuns meubles, mais de celui où ses meubles & acquêts n'auroient aucune proportion avec ses autres biens, & sa condition; & alors c'est aux Juges à arbitrer qu'elle doit être cette proportion.

4. Quoique les Coûtumes décident qu'il faut avoir vingt ans accomplis, cette expression ne doit pas être prise à la rigueur; on est censé les avoir accomplis à la premiére heure du dernier jour de la vingtiéme année, *nam dies incœptus pro completo habetur:* C'est la disposition de la Loi 5. ff. *qui testam. fac poss.*

5. Les mêmes Coûtumes en déterminant l'âge compétant pour tester, s'expliquent en termes généraux. Elles comprennent donc toutes les personnes & tous les cas qui ne sont pas expressément exceptés, d'où on infére que les religieux qui sont reputés capables de faire leurs vœux à l'âge de seize ans, ne peuvent cependant faire un Testament, lorsqu'ils n'ont pas vingt ans accomplis, parce que la Coûtume ne contient aucune exception en leur faveur.

6. Par la même raison, un Mineur pourvû avec dispense d'un Office qui demande l'âge de vingt-cinq ans, n'acquiert pas la faculté de tester du quint de ses propres. Il en est de même, à plus forte raison, de celui qui en seroit pourvû sur un faux extrait de Baptéme, quoiqu'il soit alors présumé majeur, & exclus en conséquence du bénéfice de restitution.

SECTION

SECTION SECONDE.

Qu'il faut être sain d'entendement pour tester.

7. LA Loi civile qui permet de tester, n'accorde cette faculté qu'à ceux qui sont sains d'entendement, c'est-à-dire, à ceux qui peuvent disposer de leurs biens avec jugement, & faire choix de personnes qui les méritent. De-là vient que ceux qui sont en démence ; les furieux, les insensés, les prodigues ne sont pas capables de faire un Testament, quelque déclaration que les Notaires fassent en leur faveur, en leur donnant dans l'acte la capacité qu'ils n'ont pas.

8. Il y a cependant cette différence entre les prodigues, & ceux qui sont en démence, les furieux ou les insensés ; que ceux-ci sont incapables de plein Droit, sans qu'il soit besoin que le Juge ait prononcé leur interdiction ; au lieu que les prodigues sont censés capables jusqu'à ce qu'ils ayent été interdits. Mais la sentence qui prononce leur interdiction, a un effet retroactif au tems de la première procédure, que les parens ont faite pour y parvenir.

9. Sur le même fondement, ceux qui sont en démence, les furieux & les insensés, reprennent de plein droit leur capacité avec leur bon sens, sans qu'il soit besoin de lever l'interdiction : Le prodigue au contraire demeure dans son incapacité tant que l'interdiction n'est point levée.

10. Quoiqu'il soit permis à un pere de réduire ses enfans à la légitime, il faut cependant qu'il use de ce pouvoir avec un motif de justice ; ainsi pour peu que l'on remarque qu'il ait fait des dispositions à leur préjudice, par un motif de haine ou de colére, quoiqu'il n'en paroisse rien par son Testament ; on ne laisse pas de le déclarer nul, comme s'il étoit fait par un homme qui n'est pas dans une saine disposition d'esprit.

11. Comme les Collatéraux ne doivent point de légitime à leurs héritiers, lorsqu'ils disposent à leur préjudice, on ne cherche pas si scrupuleusement dans leurs actions, si la haine qu'ils leur portent, est le seul motif de leur libéralité. Pourvû qu'il n'en paroisse rien par le Testament, on présume toujours que ce n'est pas sans quelque motif raisonnable, qu'ils ont voulu user de la faculté que la Loi leur accorde de donner à qui bon leur semble.

12. Les dispositions, *pæna nomine*, sont aussi censées faites en haine de ceux qu'elles concernent ; & par cette raison, on n'a point balancé à les déclarer nulles.

13. Par ces mots, *sain d'entendement*, on peut entendre encore un homme qui a une raison perfectionnée par l'expérience & le commerce du monde ; & comme les sourds & muets de naissance ne peuvent être doués de cette raison, on peut les considérer comme s'ils n'étoient pas tout-à-fait sains d'entendement, & n'avoir aucun égard à leurs dispositions.

14. Et au contraire, lorsque le défaut ou l'altération des facultés extérieures n'empêche point, dans celui qui teste, l'usage des facultés intérieures, il est réputé sain d'entendement, & son Testament peut valoir. Ainsi la perte de la vûe, la surdité, le défaut de la langue, la caducité de l'âge, &c. ne rendent point incapable de tester.

SECTION TROISIEME.

De l'incapacité de Droit.

15. L'Article 292 des Coût. de Paris & d'Orleans, porte qu'il faut être *usant de ses droits*, pour avoir la faculté de tester ; mais ces mots ne signifient pas qu'il faut être *sui juris*, car la femme qui est sous la puissance de son mari, peut valablement tester, sans être autorisée : il en est de même du Mineur sous la puissance de son Tuteur.

16. On doit donc les entendre de ceux qui ont les droits de Cité ; ainsi ceux qui n'ont point encore acquis ces droits, ou qui les ont perdus, n'ont pas le pouvoir de tester. Tels sont les Aubains établis en France, qui ne sont pas naturalisés, les Religieux profés dans un Monastére aprouvé, & ceux qui ont été condamnés à la mort, aux galéres perpétuelles, ou au bannissement hors du Royaume à perpétuité.

17. Sous le nom d'Aubains, on comprend aussi non-seulement les François établis en pays étranger, mais encore ceux qui, après une déclaration de guerre, demeurent sur les terres des ennemis, quoiqu'ils n'y ayent formé aucun établissement ; & par conséquent, ils ne peuvent disposer par Testament des biens qu'ils ont laissés

dans le Royaume. Il n'en est pas de même de ceux qui voyagent chez une Nation étrangére avec laquelle on n'est point en guerre, ou qui sont prisonniers de guerre chez les ennemis.

18. On excepte communement du droit d'Aubaine les étrangers, qui demeurent à Bordeaux & à Toulouse, & les Suisses ausquels nos Rois ont permis de disposer par Testament, même de leurs immeubles : On en excepte encore les Ambassadeurs, les Etudians des Universités, les Marchands fréquentans les Foires de Lyon, les Soldats étrangers au service du Roi, qui peuvent disposer des effets mobiliers qu'ils ont dans le Royaume.

19. Nous avons dit aussi que les Religieux profés ne sont pas capables de tester ; de-là il suit, que les Chevaliers de Malthe, les Jésuites après leurs premiers vœux, les Religieux qui sortent de leur Couvent par dispense du Pape ; & à plus forte raison, ceux qui en sortent par apostasie, n'ont pas cette faculté : & qu'on ne peut pas dire la même chose des Religieux devenus Evêques ; de ceux qui réclament dans les cinq ans, & qui font déclarer leur profession nulle ; des Jésuites congédiés après leurs premiers vœux, & avant l'âge de 33 ans accomplis ; des Hermites qui n'en font aucuns.

20. A l'égard des condamnés à une peine qui emporte la mort civile, comme c'est la condamnation seule qui opére leur incapacité ; il en résulte, que l'accusé qui meurt avant la condamnation, meurt avec les droits de Cité, & que le Testament qu'il laisse, est valable. On en excepte cependant les crimes de Leze-Majesté divine ou humaine, le duel, l'homicide de soi même, & la rebellion à justice à force ouverte, qui se poursuivent après la mort de l'accusé. *Ordonn. de* 1670 *tit.* 22 *art.* 1. & dont la condamnation a un effet rétroactif.

21. Il suit encore du même principe, & de ce que l'apel suspend l'effet de la condamnation, qu'il faut qu'elle soit prononcée par un Jugement sans apel, ou confirmé sur l'apel ; & par conséquent, qu'un condamné qui meurt pendant l'apel, meurt avec les droits de citoyen, & que son Testament doit être confirmé.

22. Parce que les Ordonnances accordent aux condamnés par contumace un délai de cinq ans, pour se représenter & anéantir l'effet de leur condamnation ; on en conclut que les condamnations

ne peuvent opérer la mort civile, & rendre un Testament nul, qu'elles ne soient prononcées par un Jugement contradictoire, ou du moins si le Jugement est rendu par contumace, que l'accusé n'ait laissé écouler les cinq années sans se représenter.

23 Enfin parce que les Jugemens de condamnation émanés d'une Puissance étrangére, n'ont aucun effet en France ; il en résulte qu'un François condamné à la mort naturelle ou civile par un Juge étranger, pour un crime commis hors de France, ne perd point les droits de Cité à l'égard de ce Royaume, & que son Testament doit être exécuté pour les biens qu'il y a laissé.

QUESTIONS SUR LA CAPACITÉ DE TESTER.

I.

SI on doit dans les Coûtumes qui n'ont pas déterminé l'âge pour tester, suivre le Droit romain, ou la disposition de la Coûtume de Paris ?

II.

SI les legs pieux faits par des Etrangers, doivent être exécutés sur les biens qu'ils ont dans le Royaume sujets aux droits d'Aubaine ?

III.

SI un Religieux qui sort de son Couvent par dispense du Pape, peut tester lorsque la dispense lui accorde expressément cette faculté ?

IV.

SI dans le cas où on sécularise une Abbaye, les Religieux devenus Chanoines acquiérent la capacité de tester ?

V.

SI un Testament Olographe fait par un Religieux, & reconnu pardevant Notaires avant sa profession, mais qui n'a paru que cinq ans après, est valable, le Testateur l'ayant retenu en sa possession ?

VI.

SI lorsqu'un condamné par contumace à la mort naturelle ou civile, décéde dans les cinq ans sans s'être représenté, son Testament peut valoir ?

CHAPITRE TROISIE'ME
De la capacité de recevoir par Teſtament.

1 COmme il y a pluſieurs perſonnes qui ne peuvent teſter, il y en a auſſi pluſieurs qui ne ſont pas capables de recevoir par Teſtament; tels ſont ceux qui n'ont pas le droit de Cité, dont on a parlé dans le Chapitre 2. Sect. 3. On en excepte cependant les condamnés à la mort civile & les Religieux profés, auſquels on peut laiſſer une penſion alimentaire, pourvû, à l'égard des Religieux, qu'elle ſoit payée au Supérieur du Couvent où ils reſident.

2. Quoique chaque Religieux en particulier ſoit incapable de recevoir des legs, les Communautés réguliéres n'ont pas cependant la même incapacité; lorſqu'elles ſont aprouvées, elles peuvent profiter des diſpoſitions univerſelles faites en leur faveur, pourvû que ces diſpoſitions ne ſoient point exceſſives, comparées avec les facultés du Teſtateur & celle de ſes héritiers.

3. Pour prévenir les ſuggeſtions, l'Ord. de 1539 art. 131, la Déclaration du Roy de 1549, & la Coûtume de Paris art. 276, ont regardé comme incapables de recevoir par Teſtament, ceux qui ont trop de pouvoir & d'autorité ſur l'eſprit du Teſtateur; ainſi elles déclarent nuls les legs faits aux Précepteurs par les perſonnes qui ſont ſous leur conduite, & ceux faits par les Pupiles à leurs Tuteurs, Curateurs & Adminiſtrateurs, autres que les Peres & Meres, Ayeuls ou Ayeules & autres aſcendans non remariés, pendant le tems de leur adminiſtration, & juſqu'à ce qu'ils ayent rendu compte.

4. De-là il ſuit que les Tuteurs ou Curateurs qui ont rendu leur compte; les Tuteurs honoraires & ſubrogés, qui n'ont aucune adminiſtration; les enfans du Tuteur onéraire après ſa mort, quoique le compte ne ſoit pas encore rendu; ſa femme non commune en biens avec lui; les Tuteurs ou Curateurs héritiers préſomptifs du Teſtateur, lorſque le legs n'excéde point leur portion héréditaire, ne ſont point compris dans la prohibition de l'Ordonnance; & au contraire que l'éloignement d'un Tuteur ne rend point valable le legs fait à ſon profit.

5. La même crainte des ſuggeſtions a porté, l'Ord. d'Orleans art. 19, & celle de Blois art. 28, à comprendre les Novices dans

ta prohibition de l'Ord. de 1539, en leur défendant de donner au Couvent dans lequel ils doivent faire profession, & même à aucun autre. C'est aussi l'esprit de la Déclaration du Roy de 1693, qui défend aux Filles & aux Veuves, qui s'engagent dans des Communautés séculiéres, où l'on conserve la propriété de ses biens, d'y donner entre-vifs ou par Testament, plus de trois mille livres en fonds, outre leur pension viagére.

6. Sur les mêmes motifs, la Jurisprudence des Arrêts a étendu les dispositions des Ordonnances aux legs faits par les Pénitens à leurs Confesseurs, ou au Couvent dans lequel ils demeurent ; & à ceux faits par un Malade, pendant la maladie dont il décéde, au profit de son Médecin, Chirurgien ou Apoticaire ; à moins que ceux-cy n'ayent mérité les marques de la bienveillance du Testateur par d'autres liaisons, que par celles de leur profession.

7. Comme la suggestion la plus forte est celle qui est employée par les personnes pour lesquelles on a une passion aveugle & sans bornes, on doit en conclure que les hommes & femmes engagés en adultére ou concubinage, ne peuvent faire entr'eux aucunes dispositions testamentaires. Cependant un homme qui a débauché une fille, peut lui laisser une somme convenable pour sa dot, & le legs doit être confirmé lorsqu'il n'est pas excessif, parce qu'il tient lieu de dédommagement.

8. Suivant le même principe, les Bâtards incestueux & adulterins ne peuvent recevoir de leurs Peres & Meres qu'une pension viagére & modique, ou de simples alimens ; & au contraire les Bâtards nés d'un simple concubinage peuvent recevoir de leurs Peres & Meres des legs particuliers proportionnés aux biens, & à la condition du Testateur.

9. Parce que la Loi qui défend à un Pere de donner à son Bâtard, comprend aussi les voies indirectes qui pourroient rendre la disposition de cette Loi inutile ; il en resulte, qu'un Ayeul ne peut laisser par Testament au fils de son Bâtard incestueux ou adulterin, qu'un legs modique & alimentaire ; & au fils de son Bâtard né d'un simple concubinage, qu'un legs proportionné à son bien & à sa condition.

10. Enfin comme l'incapacité des Bâtards n'est pas personnelle, comme elle est seulement fondée sur le crime de leurs Peres & Me-

res dont ils ne font punis que par la rélation' néceſſaire qu'ils ont avec eux : cette incapacité ne peut être étendue aux Collatéraux, qui n'ont point entr'eux la même rélation ; & de là vient qu'un Bâtard peut diſpoſer par Teſtament en faveur de ſon frere Bâtard, même à titre univerſel.

Queſtions ſur la capacité de recevoir par Teſtament.

I.

SI l'art. 276 de la Coûtume de Paris, qui permet aux Aſcendans Tuteurs de leurs enfans d'en recevoir des legs, doit être ſuivi dans les autres Coûtumes qui n'en ont point de diſpoſition ?

II.

SI les Peres de l'Oratoire ſont compris dans la défenſe faite aux Novices, de donner aux Communautés où ils ſont profeſſion ?

III.

SI un legs univerſel fait par une femme au profit de ſon Directeur, pour en diſpoſer ſuivant les intentions de la Teſtatrice, qu'elle dit avoir déclaré à ce Directeur, eſt valable ?

IV.

SI la Juriſprudence des Arrêts, qui a déclaré les Médecins, Chirurgiens & Apoticaires incapables de recevoir des legs de leurs malades pendant la maladie dont ils décédent, doit auſſi avoir lieu à l'égard des Avocats, Procureurs & ſolliciteurs de procés, en ſorte qu'ils ne puiſſent auſſi en recevoir de leurs parties pendant le cours des procés dont ils ſont chargés.

CHAPITRE QUATRIEME.

De quels Biens on peut diſpoſer par Teſtament.

1. SUivant les Coûtumes de Paris & d'Orleans, on peut diſpoſer par Teſtament de tous ſes biens meubles, acquêts & conquêts immeubles, & de la cinquiéme partie de ſes propres, ſans qu'on

puisse en léguer plus grande quantité, quand même ce seroit pour cause pieuse.

2. Ce retranchement des quatre quints des propres, est une espéce de légitime coûtumiére accordée à l'héritier, & à laquelle les legs ne peuvent donner aucune atteinte ; ainsi lorsque les dispositions du Testateur tendent à la diminuer, l'héritier peut néanmoins la retenir si bon lui semble, & abandonner aux légataires le quint des propres, avec les meubles acquêts & conquêts immeubles.

3. On voit d'abord que l'intention de la Loi, qui défend de léguer plus que le quint des propres, n'est autre que de conserver ces biens dans les familles, & d'empêcher qu'on abuse de la faculté de tester, pour les faire passer dans une famille étrangére De-là il suit que la défense n'a pour objet, que les propres réels laissés par le Testateur au jour de son décès : qu'elle comprend tous les légataires : qu'elle est faite en faveur des héritiers des lignes.

4. Comme la défense n'a pour objet que les propres réels laissés par le Testateur au jour de son décès, on en tire ces conséquences ; qu'elle ne comprend point les propres conventionnels à quelque dégré de stipulation qu'ils puissent être ; les héritages retirés par retrait lignager, ou les propres sur lesquels on a exercé un droit de refus, ces biens étant reputés acquets dans la succession du retrayant, ou de celui qui a exercé le droit de refus ; les propres donnés aux enfans qui ne rentrent que par le raport dans la succession du Testateur ; qu'elle laisse la liberté de tester du quint des propres qui restent, sans avoir égard à ceux qu'on a déja donnés entre-vifs.

5. Du même principe on conclut au contraire, que la Loi comprend dans sa défense tous les immeubles, soit réels, soit incorporels, échus à titre de succession, ou à autre équivalent, ou acquis en vertu d'un droit échu par succession ; & par conséquent qu'elle s'étend aux Droits immobilliers, aux Rentes, aux Offices héréditaires ou même venaux ; aux immeubles donnés par les ascendans aux descendans ; aux acquêts retirés par l'héritier de celui qui les avoit vendus sous faculté de remeré ; & aux propres dans lesquels on rentre en vertu d'un droit inhérant au titre originaire de l'aliénation, tels que ceux contre la vente desquels le Vendeur s'est fait restituer pour dol ou lésion d'outre moitié du juste prix, & ceux

qui

qui retournent au Donateur dans le cas de la survenance d'enfans.

6. Parce que la défense comprend tous les légataires sans distinguer en même tems s'ils sont héritiers présomptifs, où s'ils n'ont pas cette qualité; il en resulte que le legs de la moitié des propres, fait à celui qui est héritier présomptif du Testateur pour cette moitié, est réductible au quint, comme s'il étoit fait à un étranger; & qu'il ne peut lorsqu'il renonce à la succession, pour se tenir à son legs, faire part dans les quatre quints accordés à l'héritier.

7. Comme le retranchement des quatre quints se fait en faveur des héritiers des lignes; il en résulte aussi que l'héritier qui succéde aux propres d'une autre ligne que la sienne, au défaut des héritiers de cette ligne ne peut le demander: on doit donc dire la même chose à plus forte raison du conjoint qui succéde à l'autre, en vertu du titre *unde vir & uxor*, & du fise qui vient par dèshérance au défaut de tous autres héritiers.

8. Les héritiers de la ligne peuvent donc retenir les quatre quints des propres de cette ligne, & cela s'entend des propres en général; d'où il suit qu'ils ne peuvent retenir les quatre quints de chaque héritage propre en particulier; & qu'ils peuvent au contraire retenir les quatre quints de tous les propres, situés dans une même Coûtume: le Statut qui concerne le retranchement des propres, étant un Statut réel.

Questions sur les Biens dont on peut disposer par Testament.

I.

SI dans le cas où il se trouve plusieurs héritiers d'une même ligne, chacun de ces héritiers doit avoir les quatre quints de la portion des propres à laquelle il succéde?

II.

SI lorsqu'un Testateur, a disposé de tous ses propres, le Légataire dont le legs a été reduit au quint, peut demander une recompense sur les autres biens libres de la succession?

III.

SI le Légataire obligé de confentir au rétranchement des quatre quints des propres, en faveur des héritiers d'une ligne, doit être dédommagé fur le quint des propres des autres lignes, dont le Teftateur pouvoit difpofer?

M^e.

Licencié de l'Univerſité d'Orleans, ſubira l'examen du Droit François fur les poſitions cy-deſſus, le   174   dans la Salle de lad. Univerſité, à deux heures & demie de relevée.